IGURES DE MARCHANDS

Les Débuts de Dolikhos

ou **la Traite des Arts par un Papou = =**

Réponse à un Article paru le 16 Décembre 1916

dans « *Le Mercure de France* » :

FIGURES D'AMATEURS.

Tiré à 500 exemplaires numérotés.

Les Débuts de Dolikhos

ou la traite des Arts par un Papou = =

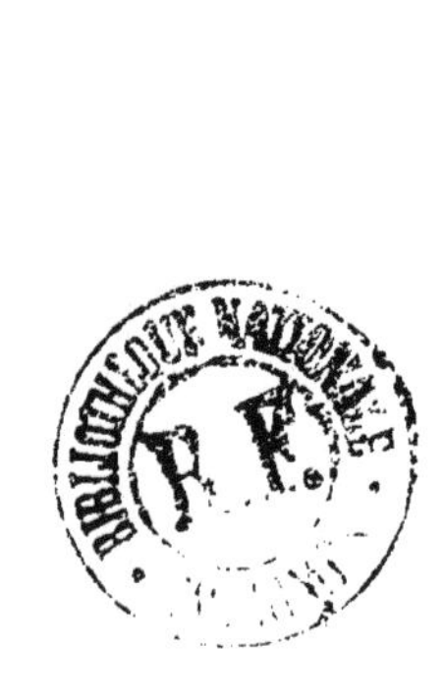

LES DÉBUTS DE DOLIKHOS

ou

la Traite des Arts par un Papou

— « Ah ! monsieur Sardou, comme vous tombez à pic !

— Vous savez bien, mon petit Mayer, que, d'eux-mêmes, mes pas se dirigent vers vous, ô ! dénicheur de raretés ! Voyons ! Qu'avez-vous à me montrer ? »

En coup de vent la porte s'ouvre :

— « M'avez-vous trouvé le portrait de la Clairon, Mayer ?

— Un superbe, monsieur Claretie!

— Tiens, Sardou! Comment va ?... »

Conversation, poignée de mains, ils partent emportant chacun, précieusement, la pièce rare convoitée, non sans avoir, Sardou, recommandé à Mayer :

— « Entendu, n'est-ce pas? l'envoi à Sarah avant son entrée en scène, au deux; quant à Réjane, vous me promettez de trouver l'objet sensationnel pour la première de *« Sans-Gêne »*?

— Comptez sur moi, cher Maître! »

Ah! on ne chôme pas chez Mayer!

Un homme effaré, tête de gorille, chapeau défoncé, entre : c'est Groult, tout tremblant encore d'une scène de pugilat avec son fils qu'il vient de croiser phaétonant en compagnie galante. Giffles, brancarts cassés, « tu mourras sur l'échafaud! » pas tendre le père aux pâtes! mais son temps est précieux, passons aux choses « sérieuses ».

— « Vite! vite! montrez-moi cette fameuse terre cuite du XVIIIe.

— Impossible! je viens de la vendre à Doucet.

— N... d... D...! vous ne pouviez pas me prévenir?

— Je n'en ai pas eu le temps; vous n'ignorez pas

que chez moi, aussi vite sorti qu'entré, çà ne moisit
pas.

— Je n'y remettrai plus les pieds.

— A votre aise, monsieur Groult; mais vous y
perdrez plus que moi; et puis... je n'aime pas qu'on
m'emm...! »

Entré sur ces propos aménes, Beurdeley a le
« sourire ».

Le lendemain, Groult revenait chez le fameux
dénicheur où se trouvait Goncourt (Edm.) en conversation très animée avec Chéramy :

— « La cabale stupide faillit tout gâter (1); sous la
vision d'une nuée de cannes et de tabourets s'abattant
en ouragan sur la scène, je perdis un moment toute
notion des choses. Lorsque Germinie, se tordant dans
les douleurs, sert aux enfants le goûter, on commence
à murmurer, pour éclater en imprécations à la tirade
de Crosnier.

— Je crois, mon cher Goncourt, que là, la coupure
s'impose. »

Ils continuent à voix basse, puis Goncourt, partant :

____

(1) Il s'agit de la 1re représentation de *Germinie Lacerleux*.

— « Alors c'est convenu, Mayer, tâchez de m'avoir cet Hokousaï qui manque à mon catalogue ?...

— Tiens! ce vieux Lassouche! toujours vert?

— Eh! plus que jamais! Je viens de trouver, figurez-vous, eune boîte en or Louis XVI, eune merveille ! eune merveille ! vous dis-je. »

Et, l'œil émerillonné par sa trouvaille, le voilà qui enfourche son dada : ses amours avec Blanche d'Antigny à en faire rougir Aimé, le brave garçon de magasin; puis cent autres anecdotes devant un auditoire amusé.

Ah! par exemple, il ne fallait pas, devant M. Bouquin de la Souche, se vanter de républicanisme :

« — Je le regrette pour « moi », répliquait-il, je croyais parler à un homme d'esprit. »

On riait, sa drôlerie désarmait.

Nuitter, toujours affable, causant peu, paraît, disparaît, s'effaçant presque, toujours en quête du document précieux qui enrichira « sa bibliothèque » de l'Opéra.

Les Rouart, Degas, Bonnat, Duret, Béraldi, Arm. Dayot, Roger Marx, Viau, Pissarro, Bertrand (de l'Opéra), Samuel (des Variétés), Rodrigues (Ramiro), Brébant, Poniatowski, Decourcelle (le beau Pierre),

Doistau, les Ephrussi, Moreau-Nélaton, (j'en passe et
non des moindres), se réunissaient chaque jour en
ce temple de l'Art.

Bonnat entretient Degas de leurs collections res-
pectives, riches également en Corot, Delacroix, Cour-
bet, Daumier, Ingres et autres maîtres du XIXe, choisis
avec le même souci, la même passion du grand Art.

On prête à Degas quelques mots d'esprit; Bonnat,
non moins spirituel, l'invitant un jour, à venir voir sa
collection, l'œil fin derrière son lorgnon, souriant, et
très modeste, ajouta :

« — Je vous promets de n'y pas mêler mes œuvres.»

. . . . `. . . . .

« — Vous y croyez, vous, Mayer, à l'impression-
nisme? » demande Bernheim, son vis-à-vis rue Laffitte.

— Je crois à tout ce que je sens; au point de vue
marchand je m'en f...! ça me plaît, un point c'est tout.

— Enfin, expliquez-moi cette nouvelle conception
de la peinture....

« — On n'explique pas, je vous dis, on sent. (Au-
jourd'hui, on explique, on ne sent pas.) Et puis, je
suis très pressé, demandez donc à ce jeune homme
ce qu'il en pense. »

Pendant ces allées et venues se tenait tous les soirs,
en un coin sombre de la boutique, un grand diable au
nez camard, étudiant ès-lettres (pour son père), us et
coutumes des affaires (pour lui) : c'était Dolikhos.

Pour qu'on tolérât sa présence, de temps à autre, il
achetait, sur ses petites économies, une aquarelle de
Méry (petits zoiseaux), voire même une peinture
d'icelui; mais son œil peu éduqué, son flair encore
encamardé, rendaient très excusable cette insigne ab-
sence de goût concernant ses achats.

Indifférent aux conversations qu'il entendait, il était
bien naturel qu'il s'intéressât à ce brassement d'affaires qui l'impressionnait.

Moins impressionné par un dessin d'Odilon Redon,
il en était cependant stupéfié :

« — Dites-moi, Mayer (accent papou assez pro-
noncé). croyez-vous que ce sera quelque chose ? »

Quelle question! un pan de mur s'en gondole!

« — Sera-ce ou ne sera-ce pas? that is the question! » répond Mayer.

Il exagère un peu, Mayer, et son ironie est parfois
décevante. Comment diable aussi s'instruire avec un
tel maître.

« — Non, sérieusement, voyons, dites-moi, je n'y
vois rien, moi, là-dedans?

— Pour la millième fois, mon petit Dolikhos, il se
peut que vous n'y voyiez rien; moi, je me sens attiré
vers ces recherches nouvelles; si ça ne vous intéresse
qu'au point de vue rendement, laissez, ça n'est pas
pour vous. »

Et il laissa, inquiet, cependant, comme un chien
de chasse à l'affût d'une prise fructueuse. (Hum! le
flair!... il se décamarde!)

Ce Mayer qui vit défiler chez lui tout ce que le
monde des Lettres et des Arts compte de notabilités,
la haute finance, la haute basoche, tous les gens de
théâtre, ne profita jamais de cette situation privilégiée;
en son âme d'artiste, il n'eut qu'une ambition, qu'un
but : dénicher, dénicher toujours; aussi, les amateurs
confiants le suivaient-ils, s'arrachant, telle une meute
à la curée, avant même qu'elles ne fussent déblayées,
les gravures de choix qu'en masse il rapportait de
l'Hôtel des Ventes.

Quoiqu'il n'y trouvât pas toujours son compte, ce
mouvement, cette cohue l'exaltaient, et ainsi tous les
jours, à la grande joie de ses habitués mis en goût par
cet infernal bout-en-train.

Manzi a eu, de ce fait, de bien belles estampes japonaises! et des Degas! et des Lautrec! et des Manet! et combien d'autres également de tout premier ordre, qu'il vendit, dans la suite, à Isaac de Camondo, qui, à cette époque, ne fréquentait pas encore chez Mayer.

L'élite de l'esprit et du bon goût qui tenait ses assises en cette petite boutique, devait forcément attirer le financier qui devint bientôt un des familiers de la maison.

Il avouait son peu de confiance en l'art moderne et si les préoccupations de sa fortune à gérer obstruèrent légèrement sa vision artistique, ce ne fut pas au point de refuser les conseils de quelques initiés qui, par un hasard heureux, le guidèrent habilement.

Est-ce l'influence du milieu? jamais, chez Mayer, Camondo ne proféra les énormités qu'on lui fait dire (1); il se fiait, il est vrai, à l'artiste-marchand. au point de ne jamais mettre en doute la moindre de ses affirmations; le mercantilisme de certains rendait ses hésitations bien légitimes.

____

(1) Lire dans *Le Mercure de France* du 16 Décembre 1916, l'article « Figures d'Amateurs ».

Mais... que devient donc Dolikhos? Après avoir, de plus en plus, espacé ses visites, il disparaît. On le retrouve, au bout de quelques temps, dans un petit réduit loué rue Laffitte, se demandant ce qu'il pourrait bien y vendre (cacahuètes, peinture?)

Regarder autour de lui, interroger... («dites-moi!..») son choix s'arrêta à la peinture.

Pissarro, qu'il connut chez Mayer, fut son premier conseilleur; il lui découvrit, dans un lot de toiles acheté chez un brocanteur «l'Amazone» de Manet; (hein? le flair! il se décamarde!). Dolikhos alla le faire authentiquer chez Renoir (le flair! le flair!).

Une galerie nouvelle s'ouvre, d'aucuns tentent l'aventure; quelques artistes s'y hasardèrent et l'un d'eux apporta, un jour, un rouleau d'une vingtaine de toiles; Dolikhos, très bon garçon, n'aime cependant pas qu'on se paie son «crâne»; dès qu'il eut regardé ces «élucubrations», il faillit jeter à la porte l'imposteur; Pissarro arrive à temps pour le calmer, regarde à son tour et lui conseille de garder; pour une centaine de francs il acquiert l'objet de son mépris....

Quand, sans vous prévenir, on étale sous vos yeux, une vingtaine de Cézanne, comment diable aussi s'y reconnaître? (le flair! le flair!)

Enfin, le rouleau est laissé dans un coin.

A l'Hôtel des Ventes, Dolikhos fait la connaissance de Beauchy, propriétaire du café des Variétés, homme essentiellement artiste, tenant table ouverte, toujours, pour ceux qui venaient causer « art » chez lui ; souvent il oublia sa clientèle en la contemplation des Cézanne, Gauguin, Van Gogh et autres « jeunes » de cette époque, qu'il exposait volontiers dans son café et dont il faisait les honneurs avec joie lorsque quelque rare amateur demandait à visiter sa collection. Dans son extase, il ne remarquait pas le sourire apitoyé du visiteur, sortant : « Folie ! ne le contrarions pas ! » semblait-il dire.

Ce Beauchy est, de cette époque, une figure des plus sympathiques et que nous aurions eu plaisir à voir faire école ; hélas ! jusqu'à ce jour, il est resté « Un ».

Ce rêveur, eet artiste ne pouvait réussir comme cabaretier : il dut fermer par amour de l'Art.

Cette nouvelle relation fut pour Dolikhos, le début de la fortune ; ils échangèrent quelques toiles ; on déroula, enfin ! les Cézanne ; quelques-uns, même, furent vendus.

Beauchy parlait aussi beaucoup de Gauguin, Van

Gogh, de bien d'autres encore, et avec quel enthou-
siasme !

Dolikhos, si bien servi par les circonstances, n'a
plus qu'à voguer; non plus en pirogue, en gondole.

Cette époque de transition est propice aux tran-
sactious picturales; une chance de plus s'offre à
Dolikhos qui se trouve là juste à point; dix ans plus
tôt, peut-être n'eût-il pas réussi; grâces au ciel soient
rendues! c'en était fait de l'art :

Il vint, vit, vainquit.

Pissaro, Sisley, Monet, à leurs débuts bafoués, trouvent enfin de hardis défenseurs; la couleur, la vision
de ces révolutionnaires donnent aux amateurs le goût
de l'harmonie, une perception nouvelle de la nature.

Le tournant dangereux est franchi.

Cézanne, Van Gogh, Gauguin, Renoir, leurs con-
temporains, les suivent, mais aux couleurs de ces
impressionnistes, ils ajoutent leurs recherches sur la
forme, les volumes, la matière, et trouvent encore,
par cela même, dans la voie tracée, quelques obstacles
à vaincre.

C'est à ce moment que voit, Dolikhos, s'accentuer
le mouvement ascentionnel de sa valeur, (fortune,

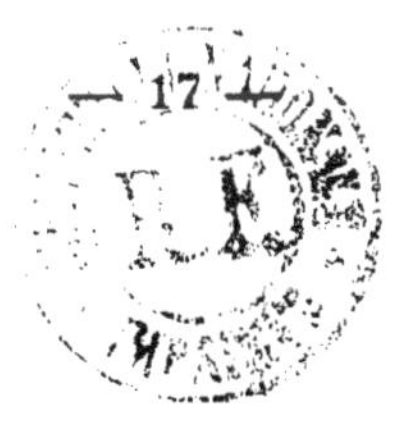

intellect). Avec, en lui, ce je ne sais quoi qui passionne, il voit affluer des conseilleurs en masse; il sait, enfin! grâce à eux, ce que vaut Cézanne; il l'aime, enfin! et parvient à pénétrer son intimité.

Dolikhos a droit à toute la reconnaissance de l'artiste : c'est lui qui l'a fait, c'est lui qui l'a inventé, à tel point qu'on se demande parfois, des deux, lequel est le plus doué.

Ce n'est plus de l'amour, c'est du délire : toile sur toile, il entasse de façon inquiétante.

Gauguin aussi l'intéresse, mais les démarches de Dolikhos restent sans effet; l'artiste n'en comprend pas le but si désintéressé; Dolikhos incompris, mais persévérant, parvint cependant à se procurer quelques œuvres de lui, ce dont il faut le louer; qui? L'autre? — Lui? — Non! l'autre.

**

Les pépites s'agglomèrent, Dolikhos s'agrandit, expose les peintures, en élève les prix; en raison de la hausse, les étrangers comprennent de mieux en mieux; médusé par cette hausse, l'Allemand achète à prix d'or; l'exode commence.

Les Français qui s'en étaient, tout d'abord désintéressés, en acquièrent quelques-unes; pour certains,

cependant, les prix demandés ne semblent pas en rap-
port avec la rémunération consentie à l'artiste (c'est
bien méconnaître Dolikhos!), et ils s'abstiennent à
leur grand dam : l'exode continue.

Camondo a son idée; il veut y mettre le prix qui
lui accordera le privilège d'arrêter l'émigration pour
quelques œuvres importantes; heureux de cette inter-
vention, Dolikhos se sent tout petit; il renaît; la Mer-
cédès même du financier lui en impose, et il en a tant
le respect qu'il serait tenté de se déchausser pour y
monter;

> Allo! Allah! Allah! Alli!
> Li si ba la di
> Son zi, son pan,
> Zi zi! pan pan!

Dolikhos a des joies d'enfant, des naïvetés de
pucelle à l'idée que Camondo connaît des princesses
authentiques (1).

Le papou, par-dessus tout, aime les couleurs écla-
tantes, les dorures surabondantes, eh! bien! Dolikhos
n'aime pas la Samaritaine de Frantz-Jourdain; il a du

----

(1) Lire dans *Le Mercure de France* du 16 Octobre 1916, l'article
« Figures d'Amateurs ».

chagrin parce que Camondo, qui semblait en admiration devant Saint-Germain-l'Auxerrois, ne se recueillait que pour mieux bondir d'extase devant la Samaritaine de Frantz-Jourdain (2).

Triste ! Triste !

*
* *

Entassés dans sa cave, Dolikhos possède aussi des Odilon Redon (blanc et noir); il a fini par croire, avec juste raison que, peut-être, « sera-ce quelque chose ». L'artiste est mort, il faut les sortir, ô ! Dolikhos!... en avant la danse des dollars !...

Pas encore le moment?... Ecoutons et attendons Dolikhos : la patience est l'apanage du sage !

Et des Renoirs ! quoiqu'il n'en « parle » jamais, tout le monde sait qu'il en entasse par centaines; le Maître a pour lui des grâces touchantes; aussi Dolikhos fait-il bonne garde, veillant, chaque jour, à ce que la palette étincelante de l'artiste soit à portée de sa main, et surtout à ce qu'aucun fâcheux ne vienne suspendre le travail du grand peintre :

Défense à Dieu même d'entrer!

----

(2) Lire dans *Le Mercure de France* du 16 Octobre 1916, l'article intitulée « Figures d'Amateurs ».

— 20 —

Cependant un indiscret (fi! le laid!) surprit ce colloque entre le Maître et son négrier... je veux dire son... manager; non! son... qu'importe!

« — On a frappé, dit Dolikhos, dressant l'oreille.

— C'est le chat qui ronronne, répond le Maître.

— Je vous assure, on frappe.

— Entrebaille l'huis! ô! Dolikhos!... Ah! ce cher X...! au revoir Dolikhos!...

— Mais...

— Au revoir! au revoir!

— Ananuké!... »

Furieux, il se couche en travers de la porte.

On doit aimer Dolikhos pour la sollicitude, les soins dont il entoure nos grands Maîtres, et il est à craindre que cette fortune, si péniblement gagnée, ne sombre lamentablement. Soutenez-le, ô! jeunes! vous qu'il accueillit toujours si libéralement; ouvrez vos cœurs à la reconnaissance : *sursum corda.*

Si Renoir, dans un jour que nous espérons lointain encore, rend à Dieu l'âme qu'il lui a prêtée, Dolikhos alors, se faisant violence, videra ses caves; ça ne sera plus le mark qui fera prime sur l'or français, car

Dolikhos est patriote, mais le dollar, l'Américain, l'allié qu'il aime et qu'il attend....

Oui, aimons Dolikhos pour cet amour qu'il témoigne à nos grands peintres et qu'il voudrait voir réciproque, mais remercions aussi Camondo d'avoir eu le double mérite de réunir des œuvres d'une école qu'il avouait ne pas bien comprendre et d'en avoir évité le dispersement puisqu'il en fit, avec le plus grand désintéressement, un don magnifique au Louvre.

Dolikhos soupçonne Camondo d'avoir brigué quelque faveur en récompense (1).

Du haut de sa demeure dernière, peut-être implora-t-il son Dieu : « O! Jéhovah ! es-tu content ? vois ma boutonnière vierge de ruban ! »

De par ton crâne, ô! Dolikhos! ton erreur est profonde ; le sentiment noble qui guida ce donateur, tu sauras, un jour, le reconnaître et en tirer une leçon salutaire : tu garderas tes Cézannes, tes Gauguins, tes Renoirs, tes Redons ; tu resteras l'homme désintéressé que l'on connaît et sauras faire le geste que nous attendons tous ; tu offriras ta collection merveilleuse

----

(1) Lire dans *Le Mercure de France* du 16 Octobre 1916, l'article intitulé « Figures d'Amateurs ».

au Louvre. Les mânes de Jarry même en tressailleront d'aise et te pardonneront les dures épreuves que tu leur fis endurer.

Car Dolikhos écrit, et certes, il ne s'en tire pas mal du tout; des petits potins de bonne femme en rupture de cordon, sur Cézanne, sur Renoir, sur Ubu ; intentionnellement et pour en rendre la lecture plus facile au simple mortel, il écrit le français comme un kangaroo de Bombela ; ce que c'est drôle! si drôle qu'Ubu même, amputé, s'écrie : « Il cherre un peu l'frère ! est-ce qu'on n' va pas aussi lui couper... l' sifflet ? »

Dolikhos bat de la paupière : chut!... il dort.

Il ne reste donc plus, esquissées ces deux figures de marchands, qu'à conclure sans autre commentaire : entre la boutique de Mayer qui sentit ses murs trembler sous la pétarade des mots d'esprit (« le dernier salon où l'on cause » disait Marguerite Durand en sa chronique mondaine du *Figaro*), et celle de Dolikhos qui, à dessein, la voulait froide, et pourquoi si antipathique? où Camondo bâillait, (reproche sanglant que lui fait Dolikhos; on dit qu'Ubu riant comme une petite folle des «mots» de Dolikhos, s'y décrochait les mandibules) il y a tout un monde, et la mentalité de chacun d'eux y apparaît.

Dolikhos doit beaucoup à Mayer; à Pissarro et à
Beauchy peut-être sa fortune. Quant aux peintres
jeunes et vieux, il leur doit davantage encore; aux
uns, pour avoir su, par leur génie, vaincre son dédain
de l'or; aux autres, pour avoir su, par leur jeunesse,
éloigner de ses lèvres, le calice d'amertume que l'Art
dispense à ses seuls élus.

Per JOCUM.

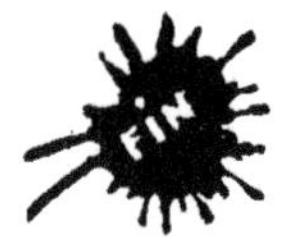